AF715415

Chaand Suraj

Ishq likha , Dard samjha

Zimran Ullah

BookLeaf Publishing
India | USA | UK

Copyright © Zimran Ullah
All Rights Reserved.

This book has been self-published with all reasonable efforts taken to make the material error-free by the author. No part of this book shall be used, reproduced in any manner whatsoever without written permission from the author, except in the case of brief quotations embodied in critical articles and reviews.
The Author of this book is solely responsible and liable for its content including but not limited to the views, representations, descriptions, statements, information, opinions, and references ["Content"]. The Content of this book shall not constitute or be construed or deemed to reflect the opinion or expression of the Publisher or Editor. Neither the Publisher nor Editor endorse or approve the Content of this book or guarantee the reliability, accuracy, or completeness of the Content published herein and do not make any representations or warranties of any kind, express or implied, including but not limited to the implied warranties of merchantability, fitness for a particular purpose.
The Publisher and Editor shall not be liable whatsoever...

Made with ❤ on the BookLeaf Publishing Platform
www.bookleafpub.in
www.bookleafpub.com

Dedication

To the عشق/ इश्क़ that was written,
The درد / दर्द that was understood.

And to the silence that turned into شاعری / शायरी

***For the hearts
that loved deeply,
lost softly,
and found themselves in words.***

*For the light that remained unseen,
while its reflection was called beautiful.*

Preface

This book was never planned.
It happened.

Each poem in these pages was written in moments of
feeling too much—
when love felt overwhelming,
when silence felt louder than words,
and when pain needed a language of its own.

Some verses speak of ishq,
some of dard,
and some are quiet conversations
I had only with myself.

Like the moon that shines with borrowed light,
these words exist because of emotions
that stayed unseen,
yet made everything visible.

They are not meant to explain,
only to be felt.
If you find your own emotions reflected here,
then these words have found their home.

Acknowledgements

This book was written in the quiet solitude of my room,
amid endless thoughts, unanswered questions,
and moments of deep reflection.

What began as scattered emotions gradually found their way into words,
and those words became the shayaris you now hold in your hands.

I am grateful for every feeling that lingered,
every night that allowed me to write,
and every silence that taught me what words could not.

Most of all, I thank the reader—
for giving these verses, a place in your heart,
and for completing what once existed only in my thoughts.

Khoya Sitaara
(The Wandering Star)

Dhuen ko odhe baitha hoon,

Us Dhundhli raah pe chalta hoon,

Tere pyaar me apne aapko,

Mai ek **Khoya Sitaara** *kehta hoon.*

Ye Tikhri Bikhri raah kaafi andheri hai.

Us roshni bhari manzil ko paane me,

na jaane kitni doori hai.

Ki ham use kho chuke hai (ye hame malum hai)

Ki ham use kho chuke hai,

Kafi martabah haar ke ro chuke hai.

ki jud itna gaye the usse,

ki ab uski yaadon me thak kar so chuke hai.

Zaat Ki Khamoshiyaan
(Inner silences)

Khamoshiyan *Cheekthi rahi,*

Takleefe Badhti rahi,

Zaat *bani thi aisi,*

Ki akele hi sabme uljhi rahi

Ab thak kar dil sukoon chahta hai,

Na shor, na sawaal, bas khud ko behlata hai.

Jo hoon, wahi kaafi hai iss safar ke liye,

Khud ko samajhna ab sahara ban jaata hai.

Farak
(Difference)

Uspe behta garam paani mai , Meri thandi Ret Thi vo.
Barasti kadi Dhoop tha mai , Meri SurajMukhi , khudko sekti vo.

Bhagwaan ki Sunkar , maine khoya use.
Na Jaane kis Khuda ko rokar matha tekti vo.
(Hindu Muslim Problem)

Tez hawa ka jhoka mai ,
usse tootkar gira phool thi vo.

Ab kaaton(memories) ko hawa lagata mai ,
Meri Khudki badi bhool thi vo.

Tanhai me Jeena Bhula mai ,
Meri Zindagi ka usool thi vo .

Mai Andheri Chaandni Tha bhi to kya,
Mera Roshan Taara , mujhme mashgul thi vo .

Kora Kaagaz
(The Blank Page)

bharosa pyaar pe tune dilaya,
bharosa pyaar se tune churaya.
kehti galat hamne kiya aapse,
yahi wajah hamne aapko apna jataya.

((i changed a lot of versions in myself))
((yet you were not satisfied))

Laakh koshish kari thi hamne,
Laakh iraade badle the hamne.
kehti tere layak bane na ham the,
to bata meri jaan, khud me kyu,
laakh insaan badle the hamne?

Mausam Badalne pe baag bageecha jharta hai
Tujhko khoke vo khudse raaton baat karta hai

tum samjhtii nahi hoo meri jaaaan.
ek kora kaagaz khudse khudko nahi bharta hai.

mai kaagaz hoon , tu kalam hai.
mai dukh hoon , tu zakham hai.
mai khush hoon , tu marham hai.

jhagda hua jo tujhse ,
mai jeeta bhi tha tujhse.
khoya tujhe to samjha ,
mai us din haara bhi tha khudse.

ek choti naiya mai , hawa ki nahar vo

ek choti naiya mai , hawa ki nahar vo
pure din ka haara mai , mere raat ki chandni vo
vo itni zaroori thi meri liye ,
jaise chai ka pyaala mai , sukoon ki shaam vo.

Tasweer Aapki
(Your Frame)

mile jo tum , ham phulon me kaate nahi khojte
khile jo tum , ham sapno me aakhen nahi kholte
bolti ho tumhe bhul gaye ham ,
are khwabon se pucho meri jaan ,
khwab kabhi jhut nahi bolte

aakhen jo mili teri aankhon se hamari
aankhen aankhon me dhool nahi jhokte.

dikkaton me rehkar khud me ulajhte
ishq bayaan karna, ham na samjhte.
mulakat tumse jo ho gayi hamari,
lagta sookhi zameen pe boonde baraste

tasweer me dekhu ya saamne se dekhu
khubsurat har tareeke se lagte,
jaise chaand ke noor pe, dekha ho roshni baraste

tum kehti ho ham nahi badalte
ki tum jo kehti ho ham nahi badalte
mai puchta hoon

kya ruthne pe aasun nahi tapakte?
kya rokar tumse ham nahi lapat te?
kya tum girti to ham nahi pakadte?
are ek mauka to deti meri jaan, chor kar chali gayi tu,
ab teri **tasweer** pe ham palak nahi jhapakte

Kahaniyan
(Tales)

[SAWAAL]

***Kahaniya** uski kaha sunate ho?*

To Arz Kiya Hai

Kahaniya aaj bhi uski,
logon ko sunata hoon.

Aankhe sookhi rakh ke,
Dil ko rulata hoon.

Usko masoom batake,
khudki mai unko galtiyan ginaata hoon.

Mohabbat me hi teri ,
Kabhi bhatakta hoon,
Kabhi sambhalta hoon.
Maana kaafi jagah galat bhi hota hoon

par tera taara hoon jaan,
andhera hone pe zaroor chamakta hoon.

Mulakaat jis modh par hui hamari,
us modh se ab ghabrata hoon

[JAWAAB]
Mushaira kehkar logon ko bulata hoon,
aur aise hi,

Kahaniya *aaj bhi uski,*
un logon ko sunata hoon.

Uski Muskurahat (Smile of Hers)

muskurahat nahi,
hamare zakham ka marham thi vo.

chehra-e-raunak ki wajah,
sareaam thi vo.

aapka vo til, daag nahi,
hamare aasuon ka katal-e-aam tha vo.

gaalon mein gaddha nahi,
chaand ko lapete aasmaan tha vo.

chehre ke saath us **muskurahat** ki jodi,
jaise kudrat pe koi gumaan thi vo.

Bhatka Musafir
(Lost Traveler)

sahi raaston ko vo nahi pehchanta,
khud ko vo ***bhatakta*** *nahi maanta.*
ki sawalon pe sawal mile jo use,
vo ab unka jawab hi nahi mangta.

nazariya mera usse batana nahi aata
kyuki
samjhta h vo mujhe vahan
jaha use mujhe samjhaana nahi aata.

faasle hamare beech, hame naapna nahi aata
ye khamoshiyan hame kaatna nahi aata
sab hamare tareeko pe rahe ,
aise dekhne ko koi zamaana nahi aata.

Yaadein Banayi bahut, unhe bhulana nahi aata,

Ruh pe Zakham bahut ,unhe chupana nahi aata.
Khat likhe to bahuton unpe,
magar vo unhe padhaana nahi aata.

maana duri zaroori thi hamari
magar kisi aur se,
vo rishta hame kamana nahi aata

Mazdoor
(The Silent Builder)

toda dil tera
mai majboor tha,

dil me tab bhi,
mai be fizool tha .

toota vo dil mujhse,
jis toote dil ka mai ***mazdoor*** *tha.*

aake bagal me tum baith jaati,
thora wakt to aur reh jaati.

pakad ke haath vo le gaye tujhe door,

tu chup magar,
vo peeth teri sab keh jaati.

Jaanta Nahi
(Unaware)

ye khayaal tujhe kaat ta nahi?
Ki
khudko kuch tu maanta nahi

Maanega Bhi Kaise?

jab khud hi ko tu jaanta nahi.

darta nahi us ruh se?
Ki
tere aur uske faasle , tu pehchanta nahi.

Pehchanega Bhi Kaise?

jab khud hi ko tu jaanta nahi.

Khwahishen unse akhir h kya teri?
Ki
Apni takleefe to tu naapta nahi.

Naapega Bhi Kaise?
jab

Unke Raazi hone ka,
koi mahdud raasta nahi.

UNKE SAAMNE TU APNA KHAAS THA NAHI

KHAAS HOTA BHAI KAISE?

JAB,
KHUD HI KO TU JAANTA NAHI

4 AM

aati to hai magar khwabon me,
masroof rakhti hai hame gunahon me.
kaise jhutlaye unko ye khayalon me,
tasweer unki rakhi, dil ke khaanon me

vo kehte h,
badal gaye ho tum saalon me.
mai puchta hoon,
kya pankhudiyan jadhti nahi gulabon me?
kya baadal nahi aate beech sitaaron ke?
kya roshni hamesha rehti aasmaanon me?

arey insaan kamzor hota hai yaar,
barbaad ho jaata hai vo in khayalon me.

nazar tujhpe rahe bheed mazaron me,
tere bina baat nahi nazaron me.

awaaz aapki aaj bhi h in kaanon me.
khushi vo samjhenge nahi,
jo hai, aapki di in haaron ne.

aankhen bhi sukh gayi hai ab to.
magar kuch baatein reh gayi,
un tapke aasuon me .

khwab hai ya hakikat? maloom nahi,
magar,
ye laal aankhen aati takleef ki nishaniyon me.

jaan kya dikkat thi hamari kahaniyon me?
ya thi, vo un sachi jhuthi tasalliyon me.
honge dikkaton se anjaan ham,
magar beshak kami thi in saharon me.

maana tasweerein aapki,
hai us dil ke khaano me.
dard bhi unke diye,
chupe hai kuch kinaron me.

Maksad Kya Malum Nahi In Sawalon me,
Bolna Kya, Malum Nahi In Jawabon me.
Bas Hai Malum Vo Talaash Ek Phul ki,
IN Ghane Baagon Me.

Aaina
(Mirror)

Ye gehre zakhmon se mai seekha tha,
Unka khayal bhi tere saamne feekha tha,
Marham tere lagane pe takleef hui mujhe,
par na jaane kyu,
Vo mera aaina us raat na cheekha tha.

Gam dabake mai baitha tha,
Mera aisa ajeeb tareeka tha,
Tum samjhi nahi bhi to kya,
Vo mera aaina bhi us raat na cheekha tha.

Shakal nhi aaina padha tha tumne mera,
Isliye tumhe,
Vo marham lagane ka, na saleekha tha.

Shayad isiliye,
Mera aaina nahi,
Mera jism us raat cheekha tha.

Chaand Suraj

Ab Karta Na Mai Zikr Hoon,
Na Vo Karti Fikr Hai.
Mohabbat Karna Us Ruh Se,
Lagta Ab Koi Shirk Hai.

Wakt Laga Khud Ko Samjhane Me,
Ki Roya Tha Mai Anjaane Me.
Dekha Usne Jab Meri Taraf,
To Badle Ye Aasoon Khazane Me.

Pehli Mulakat Me,
The Tum Hissa Meri Nafrat Ke.
Mulakate Badhti Rahi,
Ban Gaye Kabil Meri Hasrat Ke.

Tera Sitara Nahi Suraj Banna Hai Mujhe.
pata hai kyu?
kyunki

Tum Chaand Ho Tumhare Hazaron Sitaare Hai,

Magar Mai Vo Suraj Hoon.

Teri Roshni Jiske Sahaare Hai.

vo ek doosre ko samjh sakte hai

par ulajh Ke sulajh Na sakte hai.

tum kareeb hoke door,

aakhir ye to sab kehte hai.

par

Mai Us Chaand Ka Vo Suraj Hoon,

Jo Usse Door Hoke Usse Kareeb Hai.

....

Door Hona Hi Lagta Theek Tha,

Ghut Ke Rehna Mai Seekh Tha.

Lagta Kuch Ajeeb Sa.

Kyunki Ye Bata Meri Jaan,

Kya Kabhi Suraj Chaand Ke Kareeb Tha?

Aasmaan Dono Ka Tha,

Baadal Dono Ke The.

Gam Is Baat Ka Tha

Vo Na Kabhi Ek Doosre Ke The.

Sannata Mela

Ek Khayaal hai,
Ki,

Kyu Jod Rahe Ham Vo Rishta,
Jo Hamne Tode Na The.
Ankahi Vo Baatein,
Kyu Hame Sone Na De.

Socha Ki Bol doon,

Socha Ki Bol doon,
Magar usse judenge , kya vo rishte apne?
Ki Kya
Khwabon Me Hame Ummidein Hai Rakhne?
Khair Ab To Khwaabon Me Bhi Nahi,
Aate Vo Hamse Dil Se Lapatne.

Naarazgi Rakhte hai , Vo Jo hamse,
Bayaan Ho Na, Vo Is Komal Kalam Se.

Aasun Bhi Thak Gaye Janab Ab To
Magar Dil Na Maana Haar Is Sharam Se .

Raatein Band Kamre Me Hi Nikali.
Purani Baatein Vo , Dil Me Hi Samhali.
12 Se 5 Ke Beech Me,
Khud Ko Kaafi Cheezein Sikhali.

"Mohobbat" Lafz Se Khela Hoon Mai,
Dimaag Se Hi Akela Hoon Mai.
Kyunki Dil To Kehta aaj bhi mujhse,
Is Bheer Me Ek **Sannata Mela** Hoon Mai.

Saja To Vo Bhi Hai,
Kaabil To Vo Bhi Hai.
Sannata Nahi Hai Yaar Usme ,
Tab Bhi Lagta Use Vo Akela Hi Hai.

Mera Haq

tu palat kar aa to sahi,
is ghar ko ghar bana to sahi.

nahi to Khuda se shikayat hai meri,
aye Khuda,
chaand doobne pe suraj la to sahi.

jala diya is ruh ko tune,
ab kisi saaf dariya me,
iski bhasma baha to sahi.

Aur,

zaba kiya is dil ko tune,
ab is mare jism ko,
Jannat e kabar me dafna to sahi.

Chikhen
(Echoes of Screams)

Gehri neend me soya tha,
Apne khyalon me khoya tha.
Ki Raat ke 2 baje the,
Jab Maa baap ki **chikhon** ne mujhe uthaya tha.

vo hi the vo kadwe lafz,
vo hi thi vo kadwi baatein,
jinhone mere dil ko aise kyu rulaya tha?

Masoom hai vo baddimaag nahi.
Samajhdaar hai vo khardimaag nahi.

Na jaane kyu ek soch hai aisi,
Ki aakhir maa hai meri kaisi?

Baap ka kuch pata to nahi,
Kahi apni duniya me vo laapata to nahi?

Baccha to aakhir mai bhi hoon,
kuch bolu bhi to anjaan hi hoon.

mujhe inhe samjhaana nahi aata.
Inke fasaad ko suljhaana nahi aata.
Ki dil hai inka us mare phool ki tarah,
Jise mujhe ugaana nahi aata.

Ek baat mujhe koi samjhaade,
In do dilon ko, koi aakhir kaise bujhaade?

Mai Inki taakat hoon ya inki kamzori,
Ya hoon inki chupi mohabbat, ki ek khoyi tijori.

Ye hame na malum hai, na malum padega,
Shayad hame ab, inhi khyalon me dubara sona padega.

Shabbat Khair.

Sahaara
(Solace)

Sahaara kal bhi diya tha,
Aaj bhi doonga.
Koshish Kal bhi ki thi,
Aaj bhi karoonga.

Lekin Jaan Ka Malum Hai Nahi
KI KYA ZINDA KAL BHI RAHOONGA?
Ki kya teri khushi dekh sakoonga?
Zindagi ka nahi malum yaar,
Lekin Dil Me Aaj Bhi Tha,
Aur Kal Bhi Rahunga.

Bas Aakhri Me Yahi kehna chahta hoon,

Zarurat Nahi Padhti Koi Sambhale Unhe.
Log To Vo Bhi Gam Me Jeete Hai,
Har Rah Par Mile Band Kinare Jinhe.

Likhaayi Ka Shauk (Drawn to Ink)

Husn Naksha Phulon Ka Tha,
Un Jadon ("जड़ों") Ka Nahi.

Log Mutassir Hamare Likhne Ke Shauk Se The,

Shauk To Aapka Tha,
Is **Likhaayi** Ka Nahi.

Dil ki kalam se , dubte gam ko nikala.
Panno ko ye gam , mai dhona sikha raha.
magar na jaane kyu,

har baar

ek kora kaagaz mai paa raha.

Kayi Khwahishon ko jala raha
Kayi galat raaho ko jaga raha,
kyu ki , jaanta hoon, unke taraf se

har baar

ek kora kaagaz mai paa raha.

KapKapahat
(Shiver)

Dukh batata nahi,
Rona sunata nahi,
Kalam se likhe panno pe.
Tapke aasun dikhata nahi.

Ki

Andar ke dard se dar raha,
Jaanta hoon galat kar raha,
Dab dab ke mai mukarh raha
Bhai hai tujhe kya hi malum

Ki

Apne se roz mai jhagar raha.

(KAPKAHAT HOTI HAI YAAR)

Is kapkapahat se lad raha,
Ye jhooten waadon me khap raha,
Aise gande iradon me mar raha,

Ki

Apne se roz mai jhagar raha

Ki

Apne se roz mai jhagar raha.

Zindagi
(Life)

Na jaane kyu zindagi hai aisi,
Rehti Kohre me Chaand ke jaisi.
Poocha tha Khuda se maine,
*Kyu Z**indagi** chalti hamari hai aisi.*

*Wakt badal gaya, **Zindagi** badal gayi.*
Magar aaj bhi vo in jhooti ummedon pe samhal rahi.

Ek wakt tha jab poochne ko log the,
Chor gaye vo,
Ham ab andhere me roshni khoj the.

Rokte,
Ye dil ke aasoon rokte.

Kholte,
Ham apne naye raaste kholte.

Ki sochte

Ab hum Sochte.

Ki hua kya hume,

Jo hum din me chand aur raat ko sooraj dhoondte

Jo hum din me chand aur raat ko sooraj dhoondte

....

.....

Aakhri Nazm
(The Last Chapter)

1.
pata uska hume malum nahi,
ye khat hum kise likhe jaa rahe hai?
kabhi khushi ke, to kabhi gam ke
in aakhon se ye aasun bahe jaa rahe hai.

2.
Tere aks se nahi,
Insaniyat se juda ho gaye the,
Tere shaks se nahi,
Uski ehmiyat se juda ho gaye the.

"Alvida" | الوداع

www.ingramcontent.com/pod-product-compliance
Lightning Source LLC
Chambersburg PA
CBHW070651240926
51846CB00003BA/870
9789375278290